BEI GRIN MACHT SICH IHR WISSEN BEZAHLT

- Wir veröffentlichen Ihre Hausarbeit, Bachelor- und Masterarbeit

- Ihr eigenes eBook und Buch - weltweit in allen wichtigen Shops

- Verdienen Sie an jedem Verkauf

Jetzt bei www.GRIN.com hochladen und kostenlos publizieren

Susan Hoffmann

Kundenbefragung im Mercado-Center

**Marktanalyse zur Steigerung der Kundenfrequenz und Kundenzufrieden-
heit in der „Pikanteria"**

GRIN Verlag

Bibliografische Information der Deutschen Nationalbibliothek:

Die Deutsche Bibliothek verzeichnet diese Publikation in der Deutschen National-
bibliografie; detaillierte bibliografische Daten sind im Internet über http://dnb.d-
nb.de/ abrufbar.

Impressum:

Copyright © 2004 GRIN Verlag, Open Publishing GmbH
Druck und Bindung: Books on Demand GmbH, Norderstedt Germany
ISBN: 978-3-640-84422-7

Dieses Buch bei GRIN:

http://www.grin.com/de/e-book/164562/kundenbefragung-im-mercado-center

GRIN - Your knowledge has value

Der GRIN Verlag publiziert seit 1998 wissenschaftliche Arbeiten von Studenten, Hochschullehrern und anderen Akademikern als eBook und gedrucktes Buch. Die Verlagswebsite www.grin.com ist die ideale Plattform zur Veröffentlichung von Hausarbeiten, Abschlussarbeiten, wissenschaftlichen Aufsätzen, Dissertationen und Fachbüchern.

Besuchen Sie uns im Internet:

http://www.grin.com/

http://www.facebook.com/grincom

http://www.twitter.com/grin_com

Susan Hoffmann

Kundenbefragung im Mercado-Center:

Marktanalyse zur Steigerung der Kundenfrequenz und Kundenzufrieden-

heit in der „Pikanteria"

Inhaltsverzeichnis

Abbildungsverzeichnis

1. Einleitung

1.1 Das Einkaufszentrum „mercado" und die „Pikanteria"

Das Einkaufszentrum „mercado" in der Äußeren Bayreuther Strasse 80 wurde im September 2003 eröffnet und bietet seitdem eine der wenigen umfassenderen Einkaufsmöglichkeiten im Stadtgebiet Nürnberg Nord.

Auf zwei Ebenen mit insgesamt 42.000 qm gibt es 80 Fachgeschäfte, unter denen beispielsweise Filialen von h & m, Drogerie Müller, real, Media Markt, Deichmann oder Woolworth vertreten sind.

Die „Pikanteria" befindet sich im 1. Obergeschoss des „mercado" und besteht aus 12 gastronomischen Betrieben[1]. Sie bietet ein sehr reichhaltiges Angebot an vegetarischen, chinesischen, deutschen, italienischen und türkischen Speisen, Fastfood und Getränken, für die sie auch mit dem Slogan *frisch, herzhaft, delikat* wirbt.

1.2 Problemstellung und Ziele

Obwohl das „mercado" in Nürnbergs Norden das einzig größere Einkaufszentrum seiner Art darstellt, reicht die Anzahl der Kunden heute nicht aus, um mit den daraus resultierenden Einnahmen die anfallenden Kosten aller einzelnen „Pikanteria"-Betriebe zu decken.[2]

Um diesem Problem wirksam entgegentreten zu können, ist es das Ziel der „Pikanteria", basierend auf Kundeninformationen, herauszuarbeiten, mit welchen Ansatzpunkten und Verbesserungsmaßnahmen diese wirtschaftlichen Schwierigkeiten gelöst werden können.

Die Aufgabe der vorliegenden Seminararbeit besteht somit darin, an den „mercado"-Eingängen im Erd- und Obergeschoss eine Kundenbefragung für die „Pikanteria" mithilfe eines selbsterstellten Fragebogens durchzuführen. Diese soll Anforderungen und Problemfelder aus Sicht der Kunden ermitteln und der „Pikanteria" zur Entscheidungsunterstützung benötigte Informationen zur Verfügung stellen.

---

[1] NORDSEE, McDonalds, Isik Feinkost Döner, Baguettski, Curry Wurst, die Saftpresse, BÄCKER FEIHL, QUICK WOK, Segafredo Kaffeebar, Ludwig Walk Metzgerei, Metzgerei Wolf und Pizzeria da Marcel
[2] Mündliche Auskunft durch Frau Pollat, Geschäftsführerin bei Nordsee, vom 02.07.2004

2. Marktforschungsprozess zur Kundenbefragung

Die Kundenbefragung der „Pikanteria" muss systematisch erfolgen, um aussagekräftige Befragungsergebnisse für spätere Entscheidungen zu liefern. Deshalb dient als theoretische Grundlage ein Marktforschungsprozess mit fünf Einzelschritten. Dieser ist im Folgenden dargestellt:

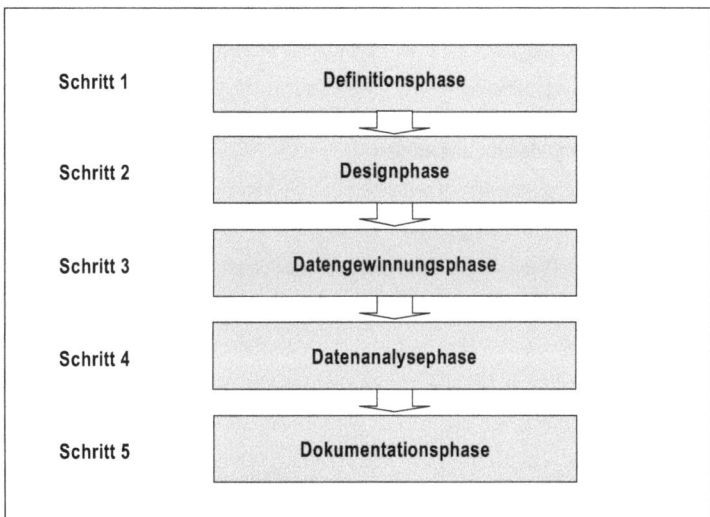

Abbildung 1: Die fünf Ds der Marktforschung
Quelle: Vgl. Dannenberg, M., Barthel, S., Effiziente Marktforschung, Bonn 2002, S. 82

In den nachfolgenden Abschnitten werden die Schritte 1 bis 4 hinsichtlich ihres Inhaltes sowie der konkreten Erarbeitung im Rahmen der „Pikanteria"-Kundenbefragung vorgestellt. Schritt 5, die Phase der Dokumentation, wird in Kapitel 3 mit Präsentation der Befragungsergebnisse diskutiert.

2.1 Definitionsphase

2.1.1 Probleme und Ziele definieren

„Ausgangspunkt jeder Marktforschungsaktivität ist die präzise und detaillierte Formulierung der Marketingaufgabe, die die Grundlage für das Marktforschungsziel ist"[3]. Es gibt für die 12 gastronomischen Betriebe der „Pikanteria" insgesamt zu wenig Kunden, um langfristig die Gesamtkosten zu decken. Zwei Grundgedanken für mögliche Ursachen hierzu wurden zu Beginn der Kundenbefragung diskutiert. Einerseits scheinen viele „mer-

---

[3] Dannenberg, M., Barthel, S., Effiziente Marktforschung, Bonn 2002, S. 84

cado"-Besucher die „Pikanteria" nicht zu kennen. Ein möglicher Grund könnte die schlechte Beschilderung zur „Pikanteria" innerhalb des „mercado" sein. Andererseits scheinen die bisherigen Kunden der „Pikanteria" trotz des reichhaltigen Angebotes sich unzufrieden abzuwenden. Gründe hierfür sind der „Pikanteria" heute nicht bekannt.[4]

Folglich kann als Problem- und Zielstellung formuliert werden:

Mithilfe der Kundenbefragung sollen Ursachen für die mangelnde Besucherzahl sowie Verbesserungsvorschläge seitens der Kunden herausgearbeitet werden, um die Kundenfrequenz und -zufriedenheit in der „Pikanteria" zu erhöhen.

2.1.2 Forschungsdesign auswählen

„Das Forschungsdesign ist eng verbunden mit dem formulierten Problem und den daraus abgeleiteten Forschungszielen"[5]. In diesem Fall handelt es sich um deskriptive Forschung, da Probleme und Ziele bereits präzise definiert sind. Deskriptiv bedeutet, „Märkte werden beschrieben"[6]; im vorliegenden Fall soll der relevante Markt für die „Pikanteria" beschrieben werden. Dies geschieht durch die Befragung von „mercado"-Kunden durch einen Fragebogen. Die gewonnenen Daten werden einerseits in der vorlie-genden Seminarbeit interpretiert und können andererseits weiterführenden Analysen seitens der „Pikanteria" oder der „mercado"-Marketingleitung dienen.

2.2 Designphase

„Eine präzise und wohl überlegte Planung ist [..] die Grundlage für eine ressourcenschonende Vorgehensweise"[7]. In der Designphase muss die Auswahl der Stichprobe und der Befragungsart sowie die Konstruktion des Fragebogens erfolgen.

2.2.1 Stichprobe auswählen

Zuerst muss geklärt werden, wer befragt werden soll. Der geforderte Umfang von 400 Befragungen wird nach einer Spezialstichprobe gebildet, bei der ins „mercado" eintretende Kunden am Haupteingang im Erdgeschoss sowie am Parkhauseingang im 1.Obergeschoss willkürlich herausgegriffen und befragt werden. Diese sogenannte Aus-

---

[4] Mündliche Auskunft durch Frau Pollat, Geschäftsführerin bei Nordsee, vom 02.07.2004
[5] http://www.wiwi-treff.de/home/mlexikon.php?mpage=beg/forschdesign.html
[6] Heigl, N. J., Schnellkurs Marktforschung, Würzburg 2004, S. 44
[7] ebenda, S. 41

wahl aufs Geratewohl bietet sich an, da für alternative Verfahren[8] notwendige Informationen wie z. B. Kundennamen oder Telefonnummern, nicht vorliegen.[9]

2.2.2 Art der Befragung festlegen

Die Art der Befragung muss vor der Fragebogenerstellung entschieden werden. Möglich sind hierbei die persönliche, schriftliche, telefonische oder Internetbefragung.[10] Ein persönliches Interview bedeutet bei einer Stichprobe von 400 Befragungen einen beträchtlichen Aufwand. Wegen Vorteilen wie einer hohen Rücklaufquote[11] und da die Stichprobenauswahl aufs Geratewohl bei der Befragungsart wenig Spielraum lässt, fällt die Entscheidung dennoch für die persönliche Befragung.

2.2.3 Konstruktion des Fragebogens

„Die richtige Formulierung von Fragen und die Gestaltung des Fragebogens sind ... das A und O einer guten Befragungsaktion"[12].

Die folgende Darstellung verdeutlicht den Ablauf der Fragebogenkonstruktion:

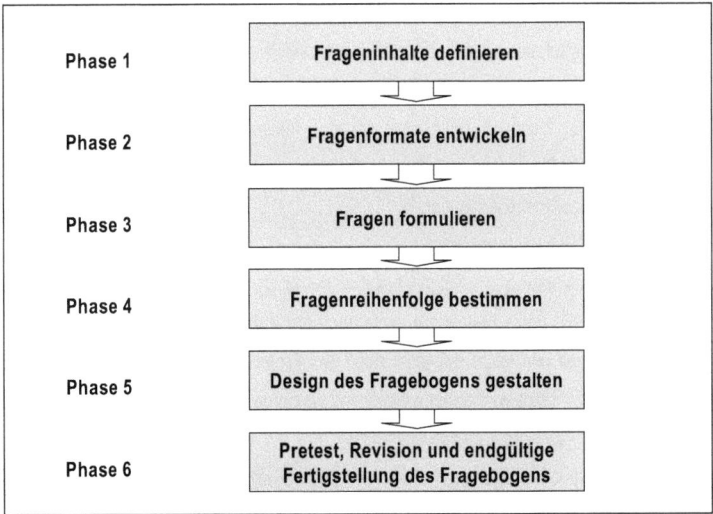

Phase 1	Frageninhalte definieren
Phase 2	Fragenformate entwickeln
Phase 3	Fragen formulieren
Phase 4	Fragenreihenfolge bestimmen
Phase 5	Design des Fragebogens gestalten
Phase 6	Pretest, Revision und endgültige Fertigstellung des Fragebogens

Abbildung 2: Phasenablauf zur Entwicklung eines Fragebogens
Quelle: Vgl. Heigl, N. J., Schnellkurs Marktforschung, Würzburg 2004, S. 76

---

[8] Alternative Verfahren: Zufallsstichprobe, Quotenstichprobe, andere Spezialstichproben wie das Schnellballsystem oder die Auswahl von typischen Befragten
[9] Vgl. Kastin, K. S., Marktforschung mit einfachen Mitteln, Nördlingen 1995, S. 77ff
[10] Vgl. Heigl, N. J. (2004), a.a.O., S. 75
[11] Vgl. http://www.kundenorientierung.de/workshop/kundenbefragung01.html
[12] Kastin, K. S. (1995), a.a.O., S. 92

Phase 1: Frageninhalte definieren:

Ausgegangen vom Befragungsziel werden die Inhalte der Fragen gemeinsam mit der „Pikanteria" festgelegt. Bei der Grobgliederung werden die Fragen in die für Fragebögen bewährte Reihenfolge Kontaktfragen, Sachfragen und demographische Fragen gebracht.[13]

Phase 2: Fragenformate entwickeln:

„Das Fragenformat entscheidet über die späteren Möglichkeiten, Antworten zu systematisieren, zusammenzufassen und in messbare Ergebnisse umzuwandeln"[14].

Aufgrund der hohen Stichprobe und der Möglichkeit der besseren Auswertbarkeit der Antworten wird ein vollständig standardisierter Fragebogen verwendet,[15] bei dem „Wortlaut, Reihenfolge und Zahl der Fragen exakt festgelegt"[16] sind.

Die Fragestruktur wird vorwiegend von halb-offenen Fragen, auch Hybridfragen[17] genannt, bestimmt, bei denen Antworten sowie der Zusatz „sonstiges" vorgegeben werden. Sie bieten wie offene Fragen eine hohe Antwortqualität, sind jedoch fast so leicht auszuwerten wie geschlossene.[18]

Als Antwortskalen wurden hauptsächlich Check- und Auswahllisten sowie nummerische und verbalisierte Skalen verwendet. Während bei Checklisten eine Mehrfachnennung möglich ist, lassen Auswahllisten nur eine Antwortmöglichkeit zu. Nummerische Skalen dienen der Bewertung mithilfe von Zahlenwerten, verbalisierte Skalen verwenden stattdessen bestimmte Aussagen.[19]

Phase 3: Fragen formulieren:

„Die Formulierung der Fragen sollte eindeutig und unmissverständlich sein"[20]. Als Maßgabe für die Formulierung gilt, dass auch ein Außenstehender Sinn und Zweck der Fragen schnell und leicht erfassen kann. Auf Fremdwörter, Abkürzungen und umständlich formulierte Sätze wird daher weitgehend verzichtet.[21]

Phase 4: Fragenreihenfolge bestimmen:

Da die Hauptbefragung von mehreren Interviewern durchgeführt wird, ist der eigentliche Fragebogen um einen Interviewerleitfaden[22] ergänzt, der alle wesentlichen Unterwei-

---

[13] Vgl. Dannenberg, M., Barthel, S. (2002), a.a.O., S. 143
[14] Heigl, N. J. (2004), a.a.O., S. 77
[15] Vgl. ebenda, S. 80
[16] Koch, J., Marktforschung: Begriffe und Methoden, München, Wien, Oldenburg 1997[2], S. 65
[17] Vgl. Schnell, R., Hill, P. B., Esser, E., Methoden der empirischen Sozialforschung, München 1999[6], S. 310
[18] Vgl. Heigl, N. J. (2004), a.a.O., S. 80
[19] Vgl. http://www.kundenorientierung.de/workshop/kundenbefragung04.html
[20] Heigl, N. J. (2004), a.a.O., S. 81
[21] Vgl. ebenda, S. 81
[22] Anweisungen mit genau vorgegebenem Gesprächsinhalt, Bestandteil des Fragebogens, siehe Anhang, S. 27

sungen zur Durchführung der Befragung beinhaltet. Der Fragebogen ist demnach folgendermaßen gegliedert: kurzer Einleitungstext, fünf Kontaktfragen, acht Sachfragen, drei Fragen zur Person und Verabschiedung. Unter den Kontaktfragen steuern zwei Filter mit einfacher Ja/Nein-Antwortmöglichkeit den weiteren Verlauf des Interviews. Am Ende der Befragung folgt eine kurze Dankesformel und jeder Befragte erhält als kleine Belohnung für die vorangegangene Aufmerksamkeit einen Gutschein.

Phase 5: Design des Fragebogens gestalten:

Die konkrete Gestaltung des Fragebogens erfolgt durch die Anwendung von Microsoft Word. Hier wird vor allem auf Übersichtlichkeit und die Möglichkeit, Antworten einfach anzukreuzen, geachtet, um das Ausfüllen zu erleichtern und Zeit bei der Beantwortung zu sparen.[23]

Um aussagekräftige Daten zu erhalten, sollte man während der Konstruktion des Fragebogens sowie bei der Befragung selbst auf folgende Gütekriterien achten:

- Objektivität (Sachlichkeit)

  Der Interviewer soll die Ergebnisse nicht durch äußerliches
  Erscheinen oder Verhalten beeinflussen und verfälschen[24]

- Reliabilität (Zuverlässigkeit)

  Die Ergebnisse sollen bei wiederholter Befragung unter gleichen Rahmenbedingungen identisch sein[25]

- Validität (Gültigkeit)

  Der Fragebogen soll die Informationen hervorbringen, die auch in der Zielbeschreibung beabsichtigt waren[26]

Der Fragebogen wird anhand dieser Gütekriterien überprüft und angepasst.

Phase 6: Pretest, Revision und endgültige Fertigstellung des Fragebogens

Als Pretest bezeichnet man „eine kleine Vorerhebung" mit der ersten fertigen Fassung des Fragebogens, „um die Praxistauglichkeit zu überprüfen"[27]. Mit Hilfe des Pretest kann man bereits vor der Hauptuntersuchung Schwierigkeiten erkennen und beheben. So beispielsweise, ob die Fragestellung verständlich ist, genügend Antwortmöglichkeiten vorhanden sind oder wie lange das Interview dauert.[28]

---

[23] Vgl. Heigl, N. J. (2004), a.a.O., S. 81
[24] Vgl. ebenda, S. 65
[25] Vgl. Koch, J. (1997), a.a.O., S. 15
[26] Vgl. http://www.kundenorientierung.de/workshop/kundenbefragung02.html
[27] http://www.kundenorientierung.de/workshop/kundenbefragung05.html
[28] Vgl. Schnell, R., Hill, P. B., Esser, E. (1999), a.a.O., S. 324

Zwei Wochen nach Projektbeginn wird anhand von 20 Probanden der Pretest unter möglichst gleichen Bedingungen durchgeführt, wie sie auch für die Hauptbefragung vorgesehen sind.

Der Pretest führt zu folgenden Erkenntnissen:

- Der Text zur Ansprache ist zu lang und zu überladen
- Die Fragenreihenfolge ist nicht logisch aufgebaut
- Viele Kunden geben vor, keine Zeit für die Befragung zu haben
  und nehmen nicht teil

In der Revision werden demnach der Einführungstext neu formuliert und erheblich gekürzt, verschiedene Fragen umgeschrieben und umgestellt. Um der hohen Verweigerungsrate Abhilfe zu leisten, werden für die Hauptbefragung, für deren zeitlichen Ablauf maximal vier Tage eingeplant sind, ausreichend Interviewer einkalkuliert. Diese werden vor der Untersuchung mithilfe des Interviewerleitfadens in den Fragebogen eingewiesen. Der vollständige Fragebogen ist im Anhang auf Seite 27 abgebildet.

2.3 Datengewinnungsphase

„Die Verwertbarkeit der Befragung steht und fällt mit der Qualität der Datenerhebung"[29].

Vor Beginn der Befragung wird daher jedem Fragebogen „eine Identifikationsnummer zugewiesen"[30], mit deren Hilfe bei der Auswertung mögliche Fehler leichter zu überprüfen und zu korrigieren sind.

Am Mittwoch, dem 21.07.2004 werden die ersten 100 Fragebögen der Hauptbefragung zwischen 11 und 15 Uhr durch ein persönliches Interview ausgefüllt. Zur Abhilfe der im Pretest festgestellten Verweigerungsrate wird ein Schild mit der Aufschrift „Schüler befragen Kunden" aufgestellt. Nach dem gleichen Verfahren werden je weitere 100 Kunden am Freitag, dem 23.07., am Samstag, dem 24.07. sowie am Montag, dem 26.07. befragt, auch hier in der Zeit von 11 bis 15 Uhr.

2.4 Datenanalysephase

Um eine korrekte Datenanalyse zu gewährleisten, muss man die Fragebögen ordnen, die Daten aufbereiten und dann untersuchen.[31] Zuerst überprüft man alle 400 ausgefüllten Frage-bögen auf Unvollständigkeit. Die Daten des Fragebogens werden mithilfe von Microsoft Excel ausgewertet. Dabei wird eine Tabelle erstellt, in der die Antworten aller Pro-

---

[29] http://www.kundenorientierung.de/workshop/kundenbefragung05.html
[30] Schnell, R., Hill, P. B., Esser, E. (1999), a.a.O., S. 391
[31] Vgl. Dannenberg, M., Barthel, S. (2002), a.a.O., S. 211

banden so erfasst sind, dass für jede Frage leicht Auswertungen über alle Test-personen erzeugt werden können. Damit die Auswertung der offenen und Hybridfragen dabei nicht durch zu viele Antworten erschwert und unübersichtlich wird, sind ähnliche Antworten in Kategorien eingeteilt.

3. Präsentation der Befragungsergebnisse

Das folgende Kapitel beschäftigt sich mit Schritt 5 der fünf Ds der Marktforschung, der Dokumentationsphase.[32] Hierzu werden zunächst die Befragungsergebnisse vorgestellt. Die wichtigsten Erkenntnisse werden dabei graphisch hervorgehoben.

3.1 Ergebnisse zu den Kontaktfragen

3.1.1 Ergebnisse zu Häufigkeit und Grund der „mercado"-Besuche

Zu Beginn wurden die Kunden gefragt, wie oft sie das Einkaufszentrum „mercado" durch-schnittlich besuchen.

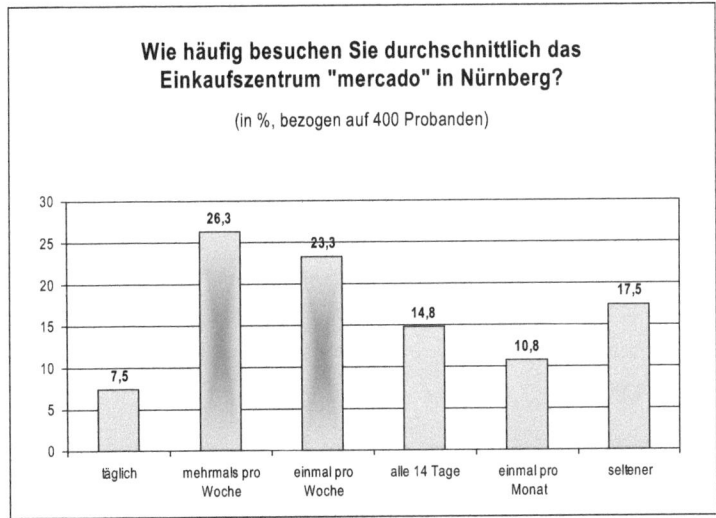

Abbildung 3: Häufigkeit der Besuche im „mercado"

Dabei sagten 26,3% der Probanden aus, dass sie *mehrmals pro Woche* in das „merca-do" kommen, gefolgt von 23,3%, die *einmal pro Woche* angaben. Da demnach viele Kun-

---

[32] siehe auch Abb. 1, S. 4

den das „mercado" mehr als nur ein einziges Mal pro Woche besuchen, könnte man von einer regelmäßig wiederkehrenden Kundschaft ausgehen.

Ferner sollte herausgefunden werden, aus welchem Grund die Befragten das „mercado" hauptsächlich besuchen.

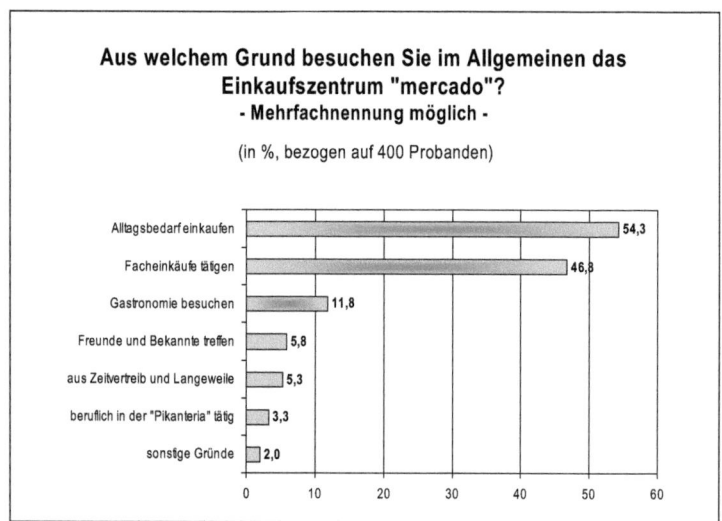

Aus welchem Grund besuchen Sie im Allgemeinen das Einkaufszentrum "mercado"?
- Mehrfachnennung möglich -

(in %, bezogen auf 400 Probanden)

Alltagsbedarf einkaufen	54,3
Facheinkäufe tätigen	46,8
Gastronomie besuchen	11,8
Freunde und Bekannte treffen	5,8
aus Zeitvertreib und Langeweile	5,3
beruflich in der "Pikanteria" tätig	3,3
sonstige Gründe	2,0

Abbildung 4: Gründe für die Besuche im „mercado"

Mehr als die Hälfte aller Kunden besucht das „mercado", um *Alltagsbedarf*, also Lebensmittel, Drogerieartikel etc., zu kaufen. Fast ebenso viele Besucher tätigen *Facheinkäufe* wie Mode oder Schmuck. Knapp 12,0% kommen wegen der *Gastronomie*. Bei diesen Probanden haben Angebot und Leistung der „Pikanteria" offensichtlich überzeugt; dieser Prozentsatz scheint aber deutlich zu niedrig zu sein, um die „Pikanteria" wirtschaftlich zu tragen.

3.1.2 Ergebnisse zum Bekanntheitsgrad der „Pikanteria"

Da im verwendeten Fragebogen Filterfragen eingebaut sind, verdeutlicht die nachfolgende Grafik den jeweiligen Fragebogenverlauf und die sich danach richtende Auswertung:

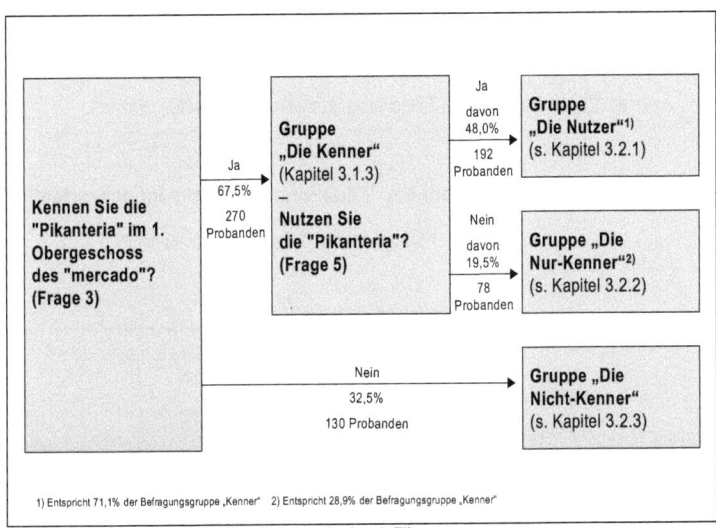

1) Entspricht 71,1% der Befragungsgruppe „Kenner"   2) Entspricht 28,9% der Befragungsgruppe „Kenner"

Abbildung 5: Darstellung des Fragebogenverlaufs mit Filter

Mit der ersten Filterfrage sollte der Bekanntheitsgrad der „Pikanteria" errechnen werden.

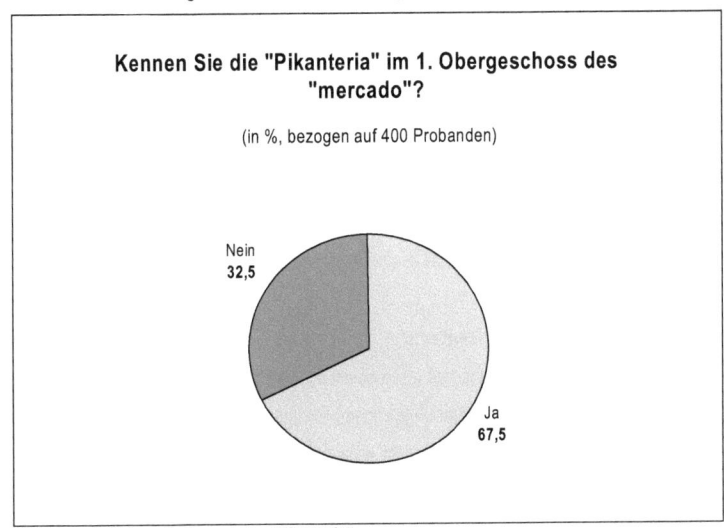

Abbildung 6: Bekanntheitsgrad der „Pikanteria"

67,5% der „mercado"-Besucher gaben an, dass sie die „Pikanteria" kennen. Das be-deutet, dass seit der Eröffnung vor einem Jahr nur 2 von 3 Leuten von der „Pikanteria" Kenntnis genommen haben. Dieses Ergebnis zeigt, dass der Bekanntheitsgrad der „Pi-kanteria" noch gesteigert werden kann.

3.1.3 Ergebnisse zur Befragungsgruppe „Die Kenner"

Auf die vorherige Frage aufbauend mussten die „Kenner" der „Pikanteria" angeben, wie sie auf die gastronomische Einrichtung aufmerksam geworden sind.

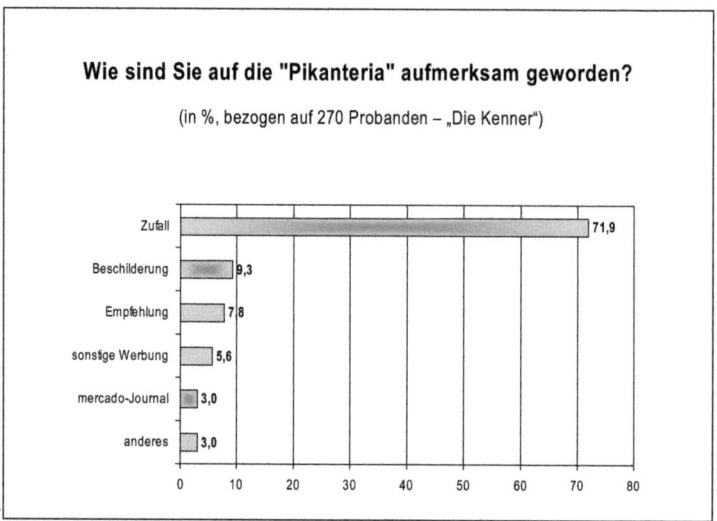

Wie sind Sie auf die "Pikanteria" aufmerksam geworden?

(in %, bezogen auf 270 Probanden – „Die Kenner")

Abbildung 7: Entdeckung der „Pikanteria"

71,9% entdeckten die „Pikanteria" durch Zufall beim Bummeln, obwohl das „mercado" den Weg zur „Pikanteria" durch Deckenschilder gekennzeichnet hat und auch in der Kundenzeitschrift „mercado-Journal" für die „Pikanteria" wirbt. Daraus lässt sich schließen, dass die Beschilderung im „mercado" sowie das „mercado-Journal" nur einen geringen Anteil zur Steigerung des Bekanntheitsgrades beitragen und effektivere Maßnahmen ergriffen werden sollten.

Nutzungsgrad der „Pikanteria"

Neben dem Bekanntheitsgrad interessiert der Grad der Nutzung unter den „Kennern", um Optimierungsansätze später zielgerichtet anbringen zu können. So wurde diese Gruppe gefragt, ob sie das Angebot der „Pikanteria" in Anspruch nehmen.

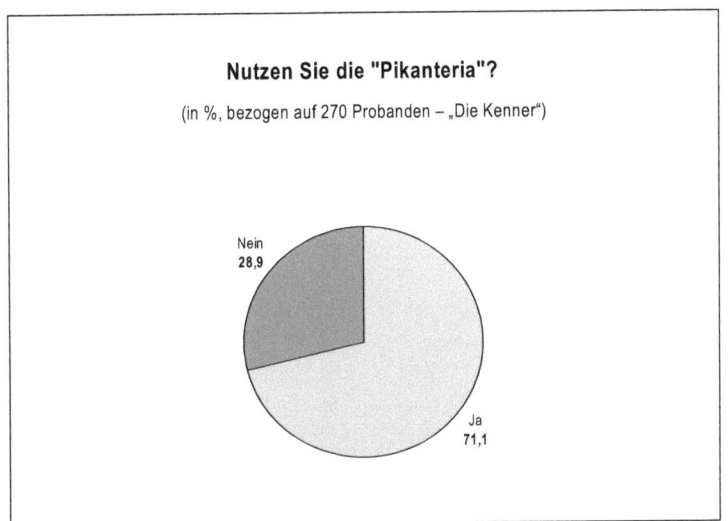

Nutzen Sie die "Pikanteria"?

(in %, bezogen auf 270 Probanden – „Die Kenner")

Nein
28,9

Ja
71,1

Abbildung 8: Nutzungsgrad der „Pikanteria"

71,1% der Befragungsgruppe „Kenner" nutzen die „Pikanteria". Das bedeutet, dass weniger als jeder zweite „mercado"-Kunde von der gastronomischen Einrichtung Gebrauch macht. Auch hier besteht Potenzial, den Nutzungsgrad zu steigern und somit den Umsatz zu erhöhen.

3.2 Ergebnisse zu den Sachfragen

Aufgrund der im Fragebogen angewandten Filter wurden die Ergebnisse der Befragung nun in drei Gruppen eingeteilt. Die Befragungsgruppe „Kenner" spaltet sich hierbei in „Nutzer" und „Nur-Kenner". Die „Nutzer" sind die Probanden, die die „Pikanteria" kennen und nutzen, während die „Nur-Kenner" zwar von der „Pikanteria" wissen, sie jedoch nicht besuchen. Die „Nicht-Kenner" sind diejenigen, die die „Pikanteria" nicht kennen.

3.2.1 Ergebnisse zur Befragungsgruppe „Die Nutzer"

Häufigkeit und Grund der „Pikanteria"-Besuche

Im Folgenden wollte man wissen, wie häufig die Gruppe der „Nutzer" die „Pikanteria" besucht.

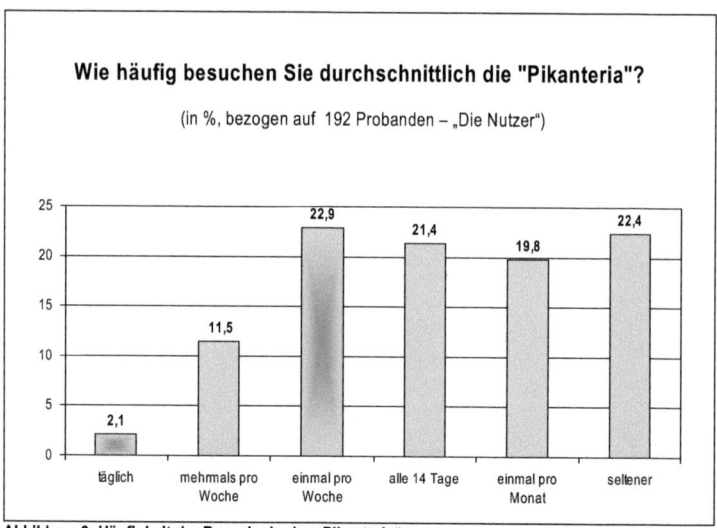

Abbildung 9: Häufigkeit der Besuche in der „Pikanteria"

Die meisten Kunden kommen *einmal pro Woche* in die „Pikanteria", der Großteil der übrigen Besucher sogar noch seltener. Lediglich 2,1% besuchen die „Pikanteria" *täglich*. Der Nutzungsgrad muss gesteigert werden, beispielsweise über Sonderaktionen oder täglich wechselnde Angebote.

Anknüpfend stellte man die Frage, aus welchem Grund die Probanden die „Pikanteria" hauptsächlich nutzen.

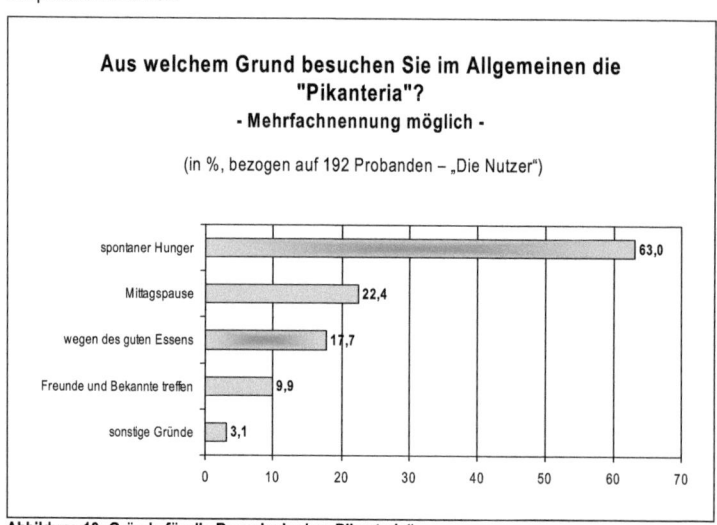

Abbildung 10: Gründe für die Besuche in der „Pikanteria"

Dabei sagten 63,0% aus, sie würden während ihres Einkaufs im „mercado" *spontan Hunger* verspüren und folglich den gastronomischen Bereich im Einkaufszentrum aufsuchen. Weitere 22,4% nutzen die „Pikanteria" in ihrer Mittagspause. Insbesondere für diese bei-den Kundensegmente sollte geprüft werden, wie die „Pikanteria" auf die spezifischen Be-dürfnisse eingehen kann, z. B. durch Anbieten schneller, kleiner Snacks oder einer preis-reduzierten Mittagskarte.

Wichtigkeit und Beurteilung der „Pikanteria"

Dann stellte sich die Frage, wie wichtig den Probanden verschiedene Kriterien in einer gastronomischen Einrichtung sind und wie sie die „Pikanteria" anhand dergleichen Kriterien beurteilen.

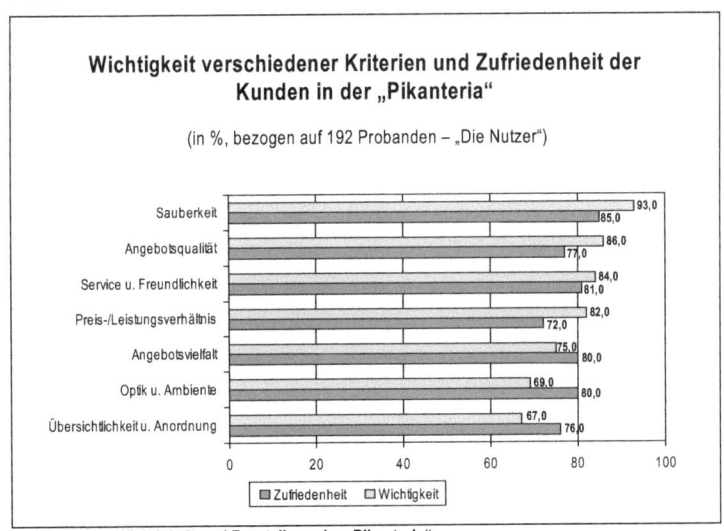

Wichtigkeit verschiedener Kriterien und Zufriedenheit der Kunden in der „Pikanteria"

(in %, bezogen auf 192 Probanden – „Die Nutzer")

Abbildung 11: Wichtigkeit und Beurteilung der „Pikanteria"

Insgesamt scheinen die „Pikanteria"-Besucher in allen Punkten weitläufig zufrieden zu sein. Jedoch können einige Kriterien noch verbessert werden. So herrscht beim *Preis-/ Leistungsverhältnis* die größte Unstimmigkeit. Auch die *Angebotsqualität* ist nicht so zufriedenstellend, wie es die Kunden gerne hätten. Auf *Sauberkeit* innerhalb der „Pikanteria" sollte ebenfalls verstärkt geachtet werden. Desgleichen gibt es Mängel an *Service und Freundlichkeit* des Personals.

Verbesserungsvorschläge der „Nutzer"

Infolge der Beurteilung der „Pikanteria" konnten die Probanden Anregungen zu ihrer Verbesserung geben. Viele Kunden nannten nützliche Vorschläge. Diese Gedanken wurden nach den in den Fragen 8 und 9 genannten Kriterien sortiert und ergeben folgendes Bild:

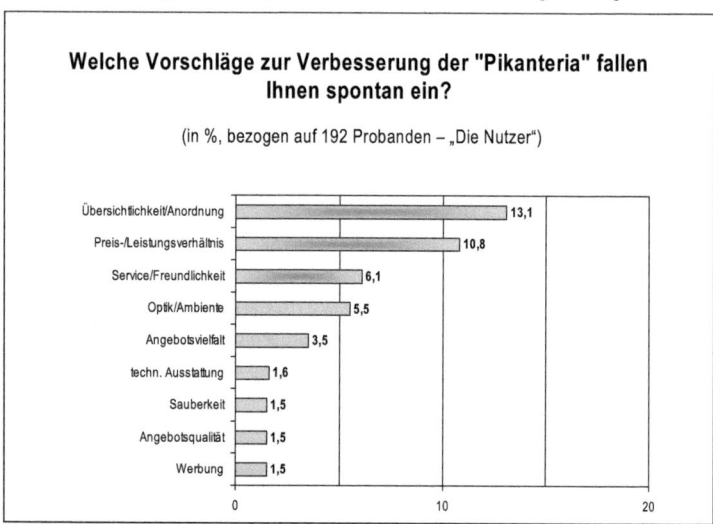

Abbildung 12: Verbesserungsvorschläge der „Nutzer"

Nachstehend werden zu den am häufigsten genannten Kriterien einige Ideen der Kunden vorgestellt:

1. *Übersichtlichkeit und Anordnung*

   ⇨ mehr Sitzplätze

   ⇨ mehr Platz zwischen den Gängen

   ⇨ Hinweisschilder zur und in der „Pikanteria"

2. *Preis-/Leistungsverhältnis*

   ⇨ mehr Sonderangebote und Aktionen wie z. B. Schülerofferten oder Tagesangebote

   ⇨ Angebote und Aktionen sollten bereits am Eingang bekannt gegeben werden

3. *Service und Freundlichkeit*

   ⇨ Höhere Kundenfreundlichkeit, auch in Bezug auf Kinder und Jugendliche

   ⇨ Schnellerer und freundlicherer Service

Auffällig hierbei ist, dass für den Bereich *Übersichtlichkeit und Anordnung* sowie *Optik und Ambiente* die meisten Verbesserungsvorschläge vorliegen, obwohl die Kunden diese Merkmale als nicht so wichtig erachten.[33]

3.2.2 Ergebnisse zur Befragungsgruppe „Die Nur-Kenner"

Gründe für Nicht-Nutzung

Die „Nur-Kenner" wurden gefragt, aus welchem Grund sie die „Pikanteria" nicht besuchen.

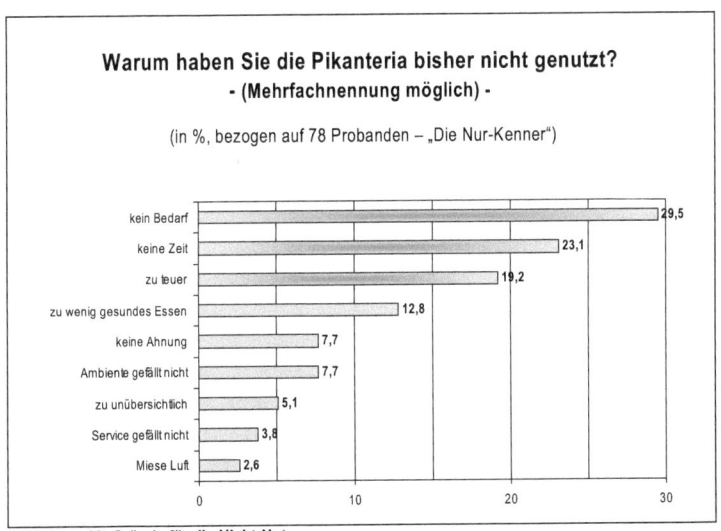

Abbildung 13: Gründe für die Nicht-Nutzung

29,5% der „mercado"-Kunden haben keinen Bedarf. Etwa ebenso viele finden keine Zeit, der „Pikanteria" einen Besuch abzustatten. Diese Probanden wird die „Pikanteria" folglich scheinbar schwer als Kunden gewinnen zu können. Mit Sonderangeboten, gesunden Snacks, täglich wechselndem Angebot usw., könnte bei den übrigen „Nur-Kennern" Gefallen an der „Pikanteria" geweckt werden.

Generelles Interesse der „Nur-Kenner" an einer gastronomischen Einrichtung

Als nächstes wollte man herausfinden, wie viel Prozent der „Nur-Kenner" Interesse daran haben, solch eine gastronomische Einrichtung überhaupt zu nutzen.

---

[33] Eine ausführliche Auflistung aller genannten Vorschläge findet sich im Anhang auf S. 27

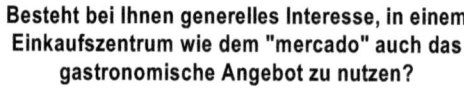

Besteht bei Ihnen generelles Interesse, in einem Einkaufszentrum wie dem "mercado" auch das gastronomische Angebot zu nutzen?

(in %, bezogen auf 78 Probanden – „Die Nur-Kenner")

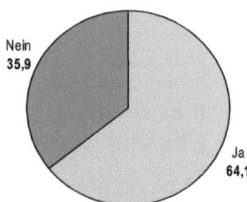

Nein
35,9

Ja
64,1

Abbildung 14: Generelles Interesse der „Nur-Kenner"

Von den interviewten „Nur-Kennern" sind 64,1% daran interessiert, in einem Einkaufszentrum wie dem „mercado" auch die Gastronomie zu nutzen. Diese Besucher sind es, um die sich die „Pikanteria" verstärkt bemühen sollte, da sie zur nicht unerheblichen potenziellen Kundschaft gehören. Bei den übrigen 35,9% besteht von vornherein kein Interesse an einem Gastronomiebereich in Einkaufszentren, somit scheiden diese als zukünftige Kunden wahrscheinlich aus.

Verbesserungsvorschläge der „Nur-Kenner"

Es war von Interesse, herauszufinden, was sich mögliche Kunden von einer gastronomischen Einrichtung wünschen. Auch die „Nicht-Kenner" der „Pikanteria" konnten einige hilfreiche Vorschläge nennen, die sodann in die in Kapitel 3.2.1 genannten Kriterien eingeordnet wurden und nun folgendes Bild ergeben:

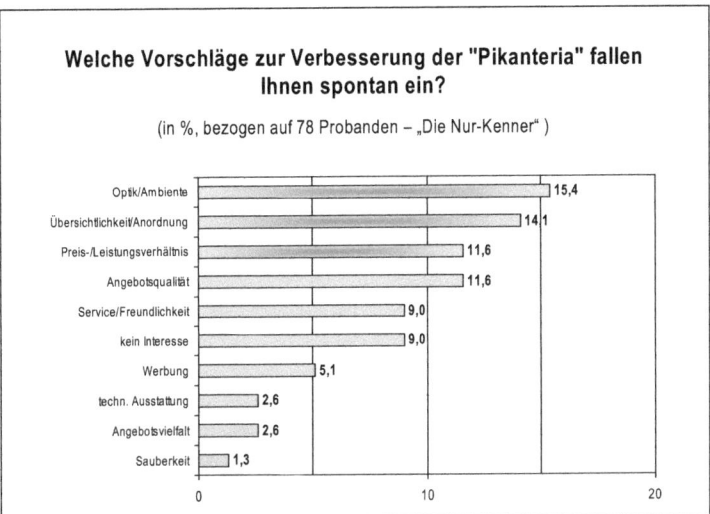

Abbildung 15: Verbesserungsvorschläge der „Nur-Kenner"

Ein paar Vorschläge der drei am häufigsten genannten Kriterien werden nachstehend aufgelistet:

1. *Optik und Ambiente*
   - ⇨ mehr Gemütlichkeit und Flair durch schöne Dekoration
   - ⇨ Essen im Zusammenhang mit kulturellem Angebot, ähnlich den Ausstellungen im „Frankenzentrum" in Langwasser

2. *Übersichtlichkeit und Anordnung*
   - ⇨ abgegrenzte Sitzplätze sowie Raucher- und Nichtraucherbereiche
   - ⇨ mehr Platz, da es zu eng ist zwischen den „Gängen"

3. *Preis-/Leistungsverhältnis*
   - ⇨ einfach leckeres und preiswertes Essen
   - ⇨ mehr Sonderangebote und Aktionen

Viele „Nur-Kenner" gaben an, dass es der „Pikanteria" trotz Gestaltung nach der Feng-Shui-Lehre an Flair und Gemütlichkeit fehlen würde. Auch den architektonischen Aufbau empfanden viele als unpraktisch, es ist ihnen zu eng und unübersichtlich. Zudem scheinen die „Nur-Kenner" zunehmend mehr Wert auf gesundes, naturbelassenes Essen zu legen; dies sollte in der „Pikanteria" mehr Beachtung finden.[34]

---

[34] Im Anhang auf S. 27 erfolgt eine genaue Auflistung aller Verbesserungsvorschläge der „Nur-Kenner"

3.2.3 Ergebnisse zur Befragungsgruppe „Die Nicht-Kenner"

Generelles Interesse der „Nicht-Kenner" an einer gastronomischen Einrichtung

Von der Gruppe „Nicht-Kenner" wollte man zuerst wissen, ob sie grundsätzlich an gastronomischen Einrichtungen wie der „Pikanteria" interessiert sind.

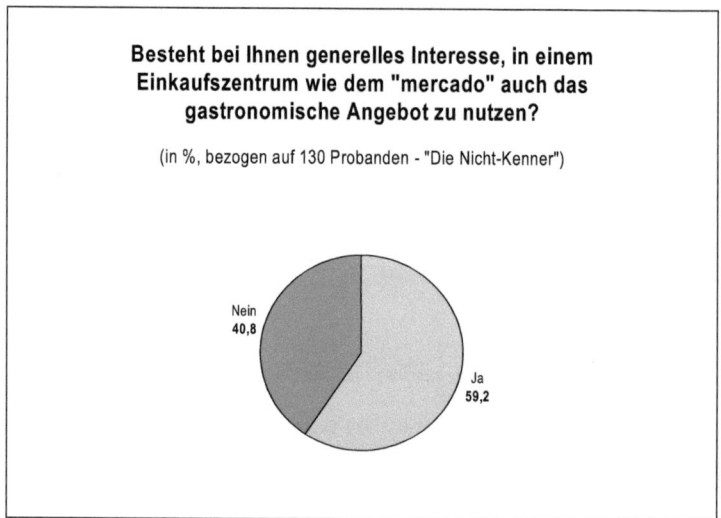

Abbildung 16: Generelles Interesse der „Nicht-Kenner"

Bei 59,2% der interviewten „Nicht-Kenner" besteht Interesse, in einem Einkaufszentrum wie dem „mercado" die Gastronomie zu nutzen. Da auch sie zur potenziellen Kundschaft gehören, sollte zunehmend mehr Wert auf ihre Wünsche und Vorstellungen gelegt werden.

Verbesserungsvorschläge der „Nicht-Kenner"

Aus diesem Grund sollte die kommende Frage aufzeigen, welche generellen Anforderungen die möglichen Kunden an eine gastronomische Einrichtung stellen. Die Verbesserungsvorschläge der „Nicht-Kenner" der „Pikanteria" ergeben sortiert nun folgendes Bild:

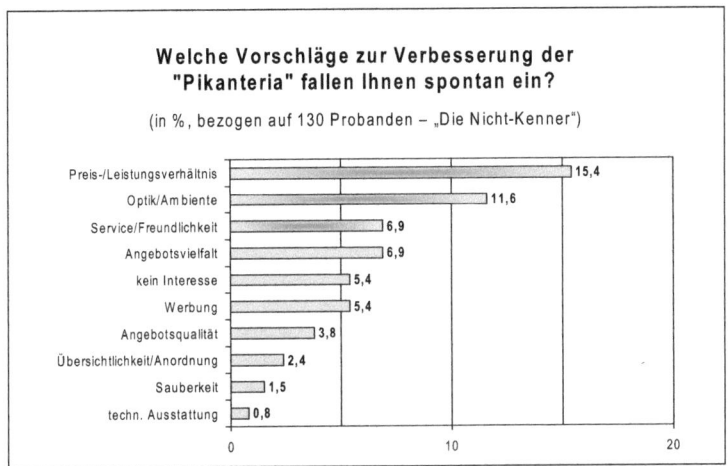

Abbildung 17: Verbesserungsvorschläge der „Nicht-Kenner"

Die meisten Verbesserungsvorschläge ähneln denen der „Nur-Kenner". Im Vergleich da-
zu nannten die „Nicht-Kenner" allerdings eher generelle Anforderungen an gastronomische Einrichtungen in Einkaufszentren. Das Preis-/Leistungsverhältnis schien ihnen dabei am wichtigsten zu sein, da in diesen Bereich die meisten Vorschläge fallen. Daraus
könnte man schließen, dass viele Menschen es von vornherein als zu teuer erachten,
auswärtig Essen zu gehen.[35]

3.3 Ergebnisse zu den demographischen Fragen

Für die Statistik wurden Angaben wie Alter, Geschlecht und Herkunft erfragt.

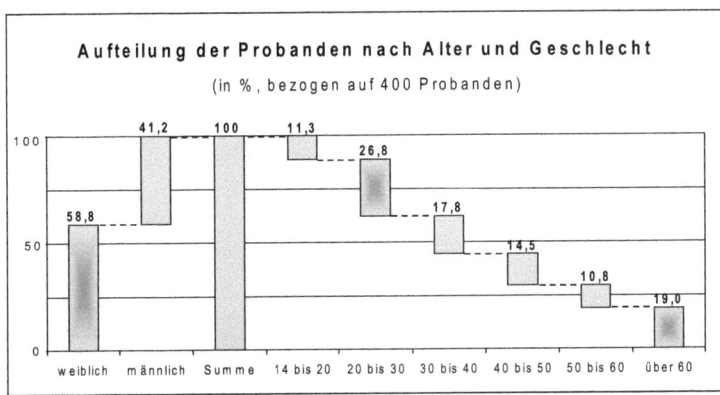

Abbildung 18: Aufteilung der Probanden nach Alter und Geschlecht

---

[35] Alle aufgebrachten Ideen der „Nicht-Kenner" sind im Anhang auf S. 27 nachzulesen

Der Großteil der Probanden, die das „mercado" besuchen und an der Befragung teilge-
nommen haben, ist zwischen 20 und 30 Jahren alt. Der überwiegende Teil dieser Personen ist zudem weiblich.

Bei der Frage nach der Herkunft ergab sich nachstehende Grafik:

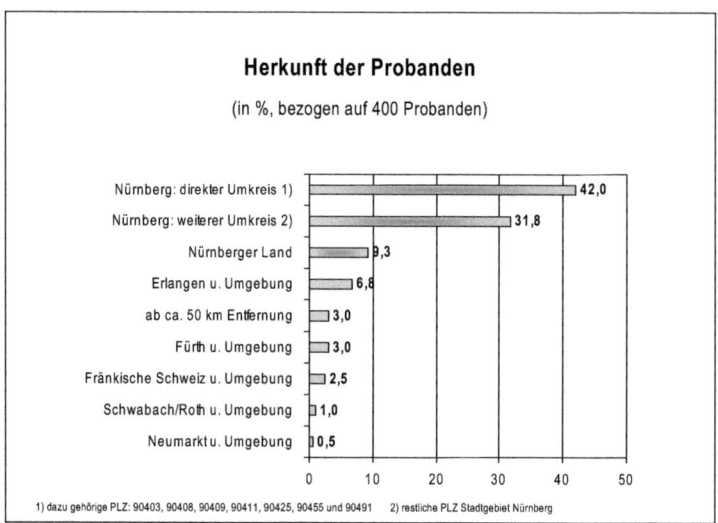

Abbildung 19: Herkunft der Probanden

Es ist erkennbar, dass die meisten Kunden aus dem direkten Umfeld des „mercado"
kommen, aber auch Menschen aus den übrigen Nürnberger Stadtgebieten besuchen das
Einkaufszentrum. Von außerhalb kommt rund ein Viertel aller befragten Personen. Davon nutzen vor allem Besucher aus dem Nürnberger Land das „mercado", da es in ihrem
Umkreis scheinbar wenig umfassendere Shoppingmöglichkeiten gibt.[36]

---

[36] Eine genaue Aufteilung der Herkunft ist im Anhang auf S. 27 zu finden

4. Schlussfolgerung

Im Folgenden werden die wesentlichen Ansatzpunkte und Verbesserungsvorschläge, die sich von den Befragungsergebnissen ableiten lassen, dargestellt. Diese sollen die „Pikanteria" dabei unterstützen, die eingangs festgelegte Zielstellung einer Steigerung der Kundenfrequenz sowie einer Verbesserung der Kundenzufriedenheit zu erreichen. Sie sind jedoch nicht als präzise ausformulierte Maßnahmen, sondern als Handlungsleitlinien zu verstehen, die einer weiteren Detaillierung durch die „Pikanteria" bedürfen.

4.1 Ansatzpunkte für die „Pikanteria"

Da sich die im Rahmen der Auswertung präsentierten Verbesserungsvorschläge nach einzelnen Kundengruppen unterscheiden, werden im Folgenden die wesentlichen Ansatzpunkte getrennt nach den Gruppen „Nutzer", „Nicht-Kenner" und „Nur-Kenner" aufgezeigt.

Ansatzpunkte für die „Nutzer" (48,0% der Befragten)

Die meisten „Nutzer" sind verhältnismäßig zufrieden mit dem Angebot der „Pikanteria". Um die aufgezeigten Anforderungen aber noch besser zu erfüllen, sollte die „Pikanteria" weiterhin verstärkt auf ein günstiges, qualitativ hochwertiges Grundangebot sowie regelmäßige Sonderangebote achten. Zur Steigerung der Besuchsfrequenz dieser Kundengruppe sollte überlegt werden, ein täglich stärker wechselndes Angebot oder ein günstiges Mittagsmenü anzubieten. Durch Bodenmarkierungen könnten abgegrenzte Sitzbereiche geschaffen werden, damit die „Pikanteria" übersichtlicher wird und sich die Kunden besser zurecht finden. Durch Bepflanzungen und andere Farbgestaltung könnte die Gemütlichkeit gesteigert werden. Weitere Ansatzpunkte zur Verbesserung stellen eine gesteigerte Sauberkeit und ein freundlicherer Service dar.

Ansatzpunkte für die „Nicht-Kenner" (32,5% der Befragten)

Die meisten „Kenner" sind zufällig auf die „Pikanteria" aufmerksam geworden. Daraus kann man schließen, dass Werbung und Marketingkonzept der „Pikanteria" bisher nicht effektiv genug gewesen sind, um die Aufmerksamkeit der „Nicht-Kenner" auf die „Pikanteria" zu lenken. Mögliche Verbesserungsmaßnahmen hierzu könnte das Anbringen von Wegweisern zur „Pikanteria", z. B. Fußstapfen-Aufkleber auf dem Boden, oder großen Werbetafeln, z. B. mit den aktuellen „Pikanteria"-Angeboten, an den Eingängen darstellen. Auch eine gezieltere Vermarktung der „Pikanteria"-Leistungen, z. B. über die Kundenbroschüre „mercado"-Journal, und mehr Werbung im direkten Umfeld des Einkaufszentrums könnten den Bekanntheitsgrad steigern. Weitere grundsätzliche Verbesserungsvorschläge zielen auf ein gutes Preis-/Leistungsverhältnis, ein kinderfreundliches Angebot und ein gemütliches Ambiente ab.

Ansatzpunkte für die „Nur-Kenner" (19,5% der Befragten)

Die meisten Probanden dieser Befragungsgruppe sagten aus, sie haben kein Interesse an der „Pikanteria" oder keine Zeit für einen Besuch. Die Gewinnung dieser Kunden scheint von vornherein schwierig; mit ca. 20% der Befragten stellen die „Nur-Kenner" die kleinste der untersuchten Kundengruppen dar. Somit sollte die Priorität von Aktionen durch die „Pikanteria" erst zuletzt auf diese Kundengruppe gesetzt werden. Grundsätzliche Anregungen der „Nur-Kenner" zielen jedoch auf eine einladende Optik und Gemütlichkeit der „Pikanteria" sowie auf ein angenehmes Preis-/Leistungsverhältnis und eine hohe Angebotsqualität ab. Diese Punkte sollten vorwiegend mit den Maßnahmen der beiden bedeutenderen Kundengruppen „Nutzer" und „Nicht-Kenner" verbunden werden.

4.2 Ausblick

Die im Rahmen der Seminararbeit dargelegten Ergebnisse und Verbesserungsvorschläge sollen der „Pikanteria" als nützliche Anhaltspunkte dienen, um die Kundenfrequenz sowie die Kundenzufriedenheit zu steigern. Die „Pikanteria" und das „mercado"-Marketing sollten diese Informationen bewerten und anhand konkreter Aktionen in ihr Vermarktungskonzept einarbeiten. Weiterhin ist es möglich, die aus der Befragung gewonnenen Daten für weiterführende Analysen seitens der „Pikanteria" und dem „mercado"-Marketing zu nutzen. So können durch Verknüpfungen von Fragen weitere Informationen gewonnen werden, z. B. wie sich die Nutzung unter den verschiedenen Altersgruppen verteilt und wie daraus altersspezifische, zielgerichtete Werbung abzulei-ten ist. Abschließend soll festgehalten werden, dass die im Rahmen der Arbeit vorge-stellte Kundenbefragung für die „Pikanteria" ein fortwährendes Instrument zur Ver-besserung des Angebots darstellt und aufgrund der sich ständig ändernden Kundenan-forderungen in regelmäßigen Abständen erfolgen sollte.[37]

---

[37] Vgl. Heigl, N. J. (2004), a.a.O., S. 27

Quellenverzeichnis

Bücher:

Dannenberg, M., Barthel, S., Effiziente Marktforschung, Bonn, 2002

Heigl, N. J., Schnellkurs Marktforschung, Würzburg, 2004

Kastin, K. S., Marktforschung mit einfachen Mitteln, Nördlingen, 1995

Koch, J., Marktforschung: Begriffe und Methoden, München, Wien, Oldenburg, 1997[2]

Meffert, H., Marketingforschung und Käuferverhalten, Wiesbaden, 1992[2]

Schnell, R., Hill, P. B., Esser E., Methoden der empirischen Sozialforschung, München, 1999[6]

Internetberichte:

Weinreich Unternehmensberatung, o. J.
http://www.kundenorientierung.de/workshop/kundenbefragung01.html, aufgerufen am 2004-07-05

Weinreich Unternehmensberatung, o. J.
http://www.kundenorientierung.de/workshop/kundenbefragung02.html, aufgerufen am 2004-07-05

Weinreich Unternehmensberatung, o. J.
http://www.kundenorientierung.de/workshop/kundenbefragung04.html, aufgerufen am 2004-07-05

Weinreich Unternehmensberatung, o. J.
http://www.kundenorientierung.de/workshop/kundenbefragung05.html, aufgerufen am 2004-07-05

WiWi-TreFF, o. J.,
http://www.wiwitreff.de/home/mlexikon.php?mpage=beg/forschdesign.html,
aufgerufen am 2004-09-20

Anhang

Anhang 1:

„Guten Tag, könnten Sie mir bitte kurz helfen? Es dauert nur 3 Minuten. Ich bin Schülerin der Staatlichen Berufsoberschule Nürnberg und führe im Rahmen einer Seminararbeit eine Kundenbefragung im „mercado" zum Thema „Pikanteria", dem gastronomischen Bereich im 1. Obergeschoss, durch. Ihre Angaben bleiben selbstverständlich anonym und Sie erhalten auch ein kleines Dankeschön!"

1. Wie häufig besuchen Sie durchschnittlich das Einkaufszentrum "mercado" in Nürnberg?

O täglich   O alle 14 Tage
O mehrmals pro Woche   O einmal pro Monat
O einmal pro Woche   O seltener als einmal pro Monat

2. Aus welchem Grund besuchen Sie im Allgemeinen das Einkaufszentrum "mercado"?

(Mehrfachnennung möglich)

O ...um zu shoppen (Kleidung etc.)   O ...um Freunde/Bekannte zu treffen
O ...um alltägliche Besorgungen zu erledigen O ...aus Langeweile
O ...um die Gastronomie zu nutzen   O sonstiges: _____

3. Kennen Sie die "Pikanteria" im 1. Obergeschoss des "mercado"?

O Ja   O Nein ⇨ *bitte weiter mit Frage 12*

4. Wie sind Sie auf die "Pikanteria" aufmerksam geworden?

O ...durch Zufall beim Bummeln   O ...durch das "mercado"-Journal
O ...durch Empfehlung   O ...durch sonstige Werbung
O ...durch die Beschilderung im „mercado"(wie z.B. Zeitung oder Rundfunk)
O sonstiges: _____

5. Nutzen Sie die "Pikanteria" im "mercado"?

O Ja ⇨ *bitte weiter mit Fragen 6 – 10*   O Nein ⇨ *bitte weiter mit Frage 11*

6. Wie häufig besuchen Sie durchschnittlich die "Pikanteria"?

O täglich   O alle 14 Tage
O mehrmals pro Woche   O einmal pro Monat
O einmal pro Woche   O seltener als einmal pro Monat

7. Aus welchem Grund besuchen Sie im Allgemeinen die "Pikanteria"?

(Mehrfachnennung möglich)

O ...spontaner Hunger/Appetit während des Einkaufs
O ...Mittagspause
O ...Verabredung mit Freunden/Bekannten
O ...wegen des guten Essens in der „Pikanteria"
O ...sonstiges: _____

8. Wie wichtig sind Ihnen folgende Kriterien in einer gastronomischen Einrichtung wie der „Pikanteria"?

(Bitte ordnen Sie von sehr wichtig / wichtig bis weniger wichtig / unwichtig zu)

Preis-/Leistungsverhältnis	sehr wichtig ☐	☐	☐	☐	unwichtig
Angebotsvielfalt	sehr wichtig ☐	☐	☐	☐	unwichtig
Angebotsqualität	sehr wichtig ☐	☐	☐	☐	unwichtig
Service/Freundlichkeit	sehr wichtig ☐	☐	☐	☐	unwichtig
Sauberkeit	sehr wichtig ☐	☐	☐	☐	unwichtig
Optik u. Ambiente	sehr wichtig ☐	☐	☐	☐	unwichtig
Übersichtlichkeit u. Anordnung	sehr wichtig ☐	☐	☐	☐	unwichtig

I

9. Wie beurteilen Sie die "Pikanteria" anhand folgender Kriterien?

(Bitte bewerten Sie mit Schulnoten von 1-6)

Preis-/Leistungsverhältnis	sehr gut ① ② ③ ④ ⑤ ⑥	ungenügend
Angebotsvielfalt	sehr gut ① ② ③ ④ ⑤ ⑥	ungenügend
Angebotsqualität	sehr gut ① ② ③ ④ ⑤ ⑥	ungenügend
Service/Freundlichkeit	sehr gut ① ② ③ ④ ⑤ ⑥	ungenügend
Sauberkeit	sehr gut ① ② ③ ④ ⑤ ⑥	ungenügend
Optik u. Ambiente	sehr gut ① ② ③ ④ ⑤ ⑥	ungenügend
Übersichtlichkeit u. Anordnung	sehr gut ① ② ③ ④ ⑤ ⑥	ungenügend

10. Welche Vorschläge zur Verbesserung der "Pikanteria" fallen Ihnen spontan ein?

_____

⇨ bitte weiter mit Frage 14

11. Warum haben Sie die "Pikanteria" bisher nicht genutzt?

(Mehrfachnennung möglich)

O ...weil sie keine passende Auswahl bietet   O ...weil der Service nicht gefällt
O ...weil sie zu teuer ist   O ...weil das Ambiente nicht gefällt
O ...weil es zu unübersichtlich ist   O sonstiges: _____

12. Besteht bei Ihnen generelles Interesse, in einem Einkaufszentrum wie dem "mercado" auch das gastronomische Angebot zu nutzen?

O Ja   O Nein

13. Was müsste ein Einkaufszentrum wie das "mercado" bieten, damit das gastronomische Angebot auch für Sie interessant bzw. noch interessanter wird?

_____

14. Demographische Daten:

Geschlecht: O weiblich   O männlich

Alter: O unter 20 Jahre   O zwischen 20 - 30 Jahren   O zwischen 30 - 40 Jahren
       O zwischen 40 - 50 Jahren O zwischen 50 – 60 Jahren   O über 60 Jahre

PLZ/Ort: _____

„Ich danke Ihnen für Ihre Unterstützung (Gutschein überreichen) und wünsche Ihnen noch einen schönen Tag."

Verbesserungsvorschläge der „Nutzer"

- Übersichtlichkeit und Anordnung (13,1%)
  - → Mehr Tische und Stühle
  - → Man soll sich überall hinsetzen dürfen, unabhängig davon, wo etwas gekauft wurde
  - → Hinweisschilder zur „Pikanteria", vor allem auch im Erdgeschoss
  - → Infoplakate zur „Pikanteria", ist so zu unauffällig
  - → McDonalds sollte vergrößert werden
  - → McDonalds sollte auch Sitzmöglichkeiten bieten
  - → Raucher-/Nichtraucherbereiche, die auch genau gekennzeichnet sind
  - → bessere Beschilderung, z. B. wo sich die Toiletten befinden
  - → Mehr Platz, für Kinderwägen, Rollstühle oder Gehhilfen ist es zu eng
  - → Abgegrenzte Sitzbereiche
- Preis-/Leistungsverhältnis (10,8%)
  - → Schülerangebote
  - → Mehr Sonderangebote und Aktionen
  - → Tagesangebote
  - → Bessere Mittagsangebote
  - → Niedrigere Preise, es ist zu teuer
  - → Happy-Hour-Angebote
  - → Angebote auf großen Schildern in der „Pikanteria" aufstellen
- Service und Freundlichkeit (6,1%)
  - → Mehr Kundenfreundlichkeit, auch in Bezug auf Kinder und Jugendliche
  - → Freundlicheres Personal
  - → Mehr Personal, damit man nicht so lange anstehen muss
  - → Mehr Personalkompetenz
  - → Spielecken für Kinder oder Kinderbetreuung
  - → Kostenlos Parken, auch wenn man in der „Pikanteria" isst
  - → Ware von der Theke sollte immer sofort nachgefüllt werden
  - → Extrawünsche sollten auch erfüllt werden
  - → Fotos auf Angebotstafel sollen mit der Realität übereinstimmen
  - → Preiskarten sollen größer und übersichtlicher sein
- Optik und Ambiente (5,5%)
  - → Mehr Gemütlichkeit und Atmosphäre
  - → Bereich zum Außensitzen, z. B. Dachterrasse
  - → Mehr Blumen und Pflanzen
  - → Farben in der „Pikanteria" sind zu grell
  - → Bequemere Stühle
  - → Angenehme Musik
  - → Mehr Licht und Helligkeit

- Angebotsvielfalt (3,5%)
  - → Kleinere Portionen, z. B. Senioren- und Kinderteller, Mittagspausensnacks
  - → mehr Auswahl durch mehr Geschäfte in der „Pikanteria"
  - → mehr Salat
  - → Mehr Alternativen zu Fleisch und fettigem Essen
  - → Mehr fränkische Küche
  - → Verkleinertes Angebotssortiment
- Verbesserte technische Ausstattung (1,6%)
  - → Funktionstüchtige Kühlanlage
- Sauberkeit (1,5%)
  - → „Pikanteria"-Betriebe sollen mehr auf Sauberkeit achten
  - → Tische, Tabletts oder Aschenbecher sollen häufiger gereinigt werden
  - → angenehmerer Geruch, es „stinkt" zu sehr nach Fett und Fisch
- Angebotsqualität (1,5%)
  - → Weniger Fastfood und fettiges Essen
  - → Mehr Qualität der angebotenen Speisen
- Werbung (1,5%)
  - → Mehr Werbung für die „Pikanteria"
  - → Angebote sollen bereits an den Eingängen bekannt gegeben werden

Anhang 3:
Verbesserungsvorschläge der „Nur-Kenner"

- Optik und Ambiente (15,4%)
    - → Hübsche Dekoration, denn „Pikanteria" hat kein Flair
    - → Schönes, einladendes Ambiente
    - → Mehr Gemütlichkeit
    - → Ausstellungen, Freizeit- und Kulturangebote ähnlich dem Frankenzentrum Nürnberg
- Übersichtlichkeit und Anordnung (14,1%)
    - → Abgegrenzte Sitzplätze oder Räume ähnlich einem richtigen Restaurant, ist zu „offen"
    - → Mehr Platz, da es so zu eng ist
    - → Gekennzeichnete Nichtraucher- und Raucherbereiche
    - → Hinweisschilder zur „Pikanteria"
- Preis-/Leistungsverhältnis (11,6%)
    - → Essen soll einfach günstig und lecker sein
    - → Niedrigere Preise, „Pikanteria" ist zu teuer
    - → Mehr Sonderangebote und Aktionen
- Angebotsqualität (11,6%)
    - → Weniger Fastfood und fettiges Essen
    - → Mehr Qualität der angebotenen Speisen
    - → Mehr vegetarische, naturbelassene Küche
    - → Frischere Ware
    - → Schnelles, aber gesundes Essen
- Service und Freundlichkeit (9,0%)
    - → Verbesserter und schnellerer Service
    - → Mehr Kinderfreundlichkeit
    - → „Pikanteria" sollte etwas für Kinder und Jugendliche anbieten
    - → freundlicheres Personal
    - → Kostenlos Parken, auch wenn man in der „Pikanteria" isst
- Werbung (5,1%)
    - → Mehr Werbung für die „Pikanteria"
- Verbesserte technische Ausstattung (2,6%)
    - → Funktionstüchtige Klimaanlage
    - → Lärmschutz, ist zu laut
- Angebotsvielfalt (2,6%)
    - → Mehr Abwechslung im Angebot
    - → Vegetarisches Essen
    - → Kleinere Portionen, z. B. Senioren- und Kinderteller
- Sauberkeit (1,3%)
    - → angenehmerer Geruch, es riecht zu sehr nach Fett und Fisch

Verbesserungsvorschläge sowie generelle Anforderungen der „Nicht-Kenner"

- Preis-/Leistungsverhältnis (15,4%)
  - → Essen soll einfach günstig und lecker sein
  - → Spezielle Kundenangebote und Aktionen
  - → Gutes Mittagsmenü
- Optik und Ambiente (11,6%)
  - → Gemütliche Atmosphäre
  - → Hübsche Dekoration
  - → Bereich zum Außensitzen, z. B. Biergarten im Sommer oder Dachterrasse
  - → Ausstellungen, Freizeit- und Kulturangebote ähnlich dem Frankenzentrum Nürnberg
  - → Mediterrane Gestaltung der „Pikanteria"
- Service und Freundlichkeit (6,9%)
  - → Freundlicher und schneller Service
  - → Kinderfreundlichkeit
  - → Angebote für Kinder und Jugendliche
- Angebotsvielfalt (6,9%)
  - → Abwechslungsreiches Angebot
  - → Kleine Snacks für Zwischendurch
  - → Erfrischende Snacks wie Salate und Getränke
  - → Bayerische Küche im Angebot
- Werbung (5,4%)
  - → Mehr Werbung für die „Pikanteria"
  - → Angebote sollen an den Eingängen bekannt gegeben werden
- Angebotsqualität (3,8%)
  - → Statt Fastfood und fettigem Essen lieber gesundes Essen von guter Qualität
  - → Ausgefallene Speisen und Getränke, exklusives Angebot
- Übersichtlichkeit und Anordnung (2,4%)
  - → Abgegrenzte Sitzplätze oder Räume, so dass man etwas abgeschirmt sitzen kann
  - → Gekennzeichnete Raucher- und Nichtraucherbereiche
  - → Übersichtlichkeit
- Sauberkeit (1,5%)
  - → Gepflegtes und sauberes Ambiente
  - → Rauchen sollte nicht erlaubt sein
- Verbesserte technische Ausstattung (0,8%)
  - → Lärmschutz

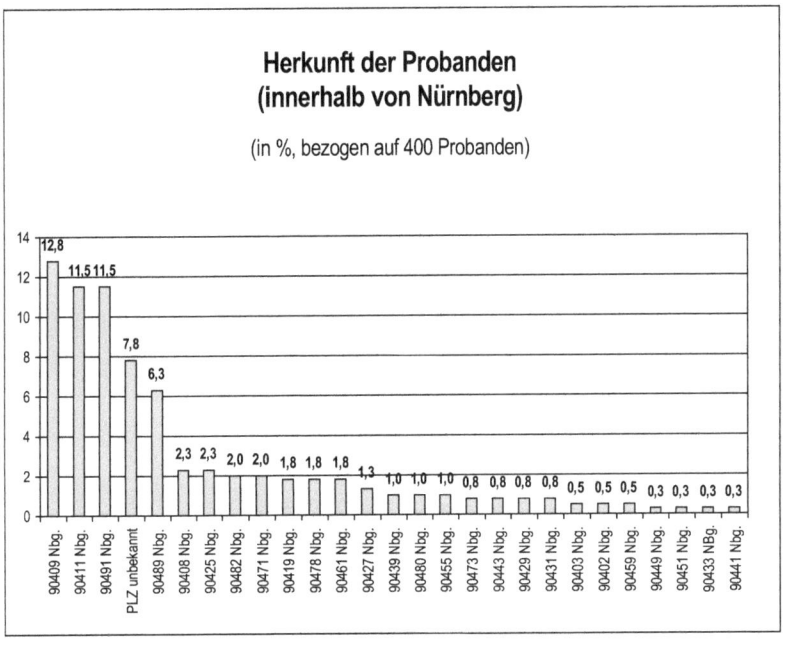

Herkunft der Probanden
(innerhalb von Nürnberg)

(in %, bezogen auf 400 Probanden)

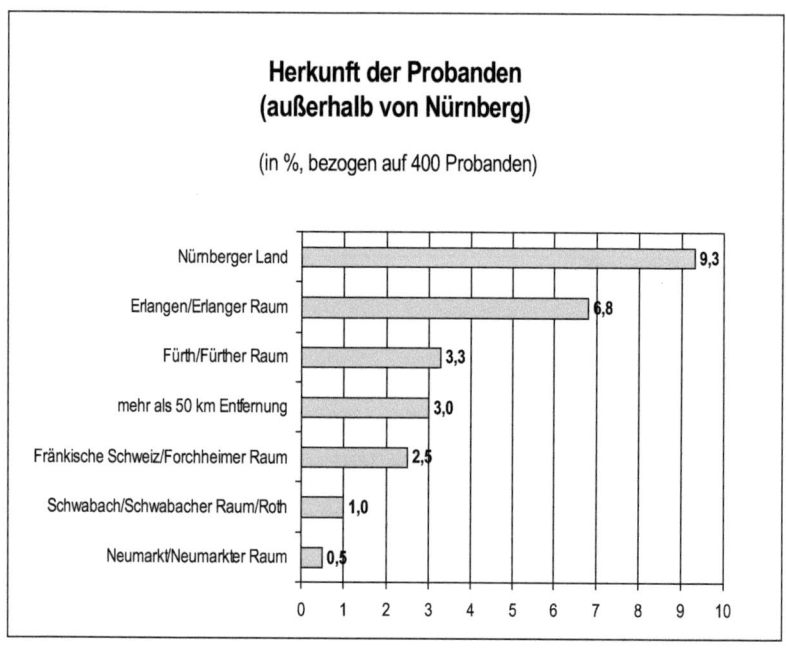

**Herkunft der Probanden
(außerhalb von Nürnberg)**

(in %, bezogen auf 400 Probanden)

Nürnberger Land	9,3
Erlangen/Erlanger Raum	6,8
Fürth/Fürther Raum	3,3
mehr als 50 km Entfernung	3,0
Fränkische Schweiz/Forchheimer Raum	2,5
Schwabach/Schwabacher Raum/Roth	1,0
Neumarkt/Neumarkter Raum	0,5

Anhang 7:

Unter folgendem Link findet sich der Artikel, der mir unter anderem als Quelle diente:

http://www.wiwitreff.de/home/mlexikon.php?mpage=beg/forschdesign.html

Forschungsdesign (research design)
Das Forschungsdesign ist eng verbunden mit dem formulierten Problem und den daraus abgeleiteten Forschungszielen.
Man unterscheidet drei Arten von Forschungsdesigns:

- **Exploratives Design (exploratory research)**: Ist wenig Wissen über das zu untersuchende Thema vorhanden, führt man eine explorative Studie durch, um einen ersten Einblick zu bekommen. Explorative Forschung ist sehr flexibel.
  Mögliche Methoden sind
  - Fokusgruppeninterviews
  - Expertengespräche
  - Literaturrecherche.
- **Deskriptives Design (descriptive research)**: Deskriptive Forschung ist nicht sehr flexibel, das Problem kann bereits präzisiert werden.
  Ziele der deskriptiven Forschung können sein:
  - Zielgruppen zu beschreiben,
  - Häufigkeiten zu berechnen,
  - Voraussagen zu treffen.
- **Kausales Design (causal research)**: Kausale Design haben zum Ziel, Zusammenhänge zwischen Variablen aufzudecken. Oft wird hierzu ein **Experiment (experiment)** durchgeführt.